마음에 심은 행복꽃

마음에 심은 행복꽃

펴낸날	초판 1쇄 2025년 6월 20일
지은이	민병금
펴낸이	서용순
펴낸곳	이지출판
출판등록	1997년 9월 10일
등록번호	제300-2005-156호
주소	03131 서울시 종로구 율곡로6길 36 월드오피스텔 903호
대표전화	02-743-7661 팩스 02-743-7621
이메일	easy7661@naver.com
창작지도	윤보영감성시학교
디자인	김민정
인쇄	ICAN
물류	(주)비앤북스

ⓒ 민병금 2025, Printed in Seoul, Korea

값 13,000원

ISBN 979-11-5555-255-1 03810

※ 잘못 만들어진 책은 교환해 드립니다.

민병금 감성시집

마음에 심은 행복꽃

이지출판

● 추천의 글

　민병금 시인의 첫 시집에는 사랑이 가득 담겨 있습니다. 그중에 가족 사랑이 으뜸입니다. 시집 속 사랑은 어쩌면 작가가 행복한 자신에게 고마움을 전하는 수단일 수 있겠다 싶어 부럽기도 하고, 또 앞만 보고 달려온 저 자신을 돌아보는 계기가 되기도 했습니다.

　민병금 시인은 엄마와 아내로, 캘리그래피 작가로 참 바쁘게 살고 있습니다. 지칠 만도 한데 오히려 즐기고 있는 것은 초긍정을 바탕으로 한 그 사랑 때문에 가능했다고 봅니다. 그 사랑이 시집까지 발간하게 만들었습니다.

　민병금 시인은 '한국감성캘리그라피협회' 임원으로 협회에서 진행한 '감성시집 발간반'에서 시 쓰기를 배웠습니다. 지나고 나서 생각이지만, 그때 시 쓰기를 시작하지 않았다면 지금 시집에 담긴 아름다운 시어들을 만날 수 있었을까요? 모든 건 타이밍인 것 같습니다. 그때의 선택으로 어엿한 시집을 낸 시인이 되었습니다.

사랑이 만든 선물 같은 시집! 시를 쓰고 싶어도 용기가 없어 망설이는 분이나 사랑이 부족하다고 여기는 사람들에게 이 시집을 권하고 싶습니다. 시를 읽고 나면 '아하!' 하고 사랑 방법을 깨닫게 될 테니까요.

한 권의 시집이 나오기까지 시인의 노력과 함께 가족들의 응원이 필요합니다. 그런 면에서 시 속에서도 응원을 보내 주고 있는 자녀들과 남편분께 감사드립니다. 그리고 저를 믿고 잘 따라와 준 시인에게 감사드리며, 앞으로 더 멋진 감성시인이 될 수 있게 제가 힘을 보태겠습니다.

민병금 시인님! 다시 한번 시집 발간을 축하드립니다.

2025년 6월
윤보영감성시학교가 있는 '휴이야기터'에서
커피시인 윤보영

● 시인의 말

저에게 누군가 꿈이 무엇이냐고 물었을 때 '현모양처'라고 대답했던 기억이 납니다. 예쁜 가정을 꾸리고 싶었고, 그 가정 안에서 가족들이 행복하게 살아가는 모습을 꿈꾸며 했던 말입니다.

그러나 결혼하고 살아오는 동안 세 아이 엄마이자 아내, 성당 주일학교 교사와 방과후 강사, 대학생과 공방 원장, 캘리그라피 강사로 활동하다 보니 늘 바빴습니다. 하지만 여러 자격증을 취득해 가며 뛰어다닌 바쁨 속에서도 저는 늘 좌우명을 생각했습니다. '나에게 제일 중요한 걸 잊지 말자.' 여기서 저에게 가장 중요한 것은 가족이 함께 밥을 먹는 것이었습니다. 이 시간은 우리 가족에게 그 어떤 것과도 바꿀 수 없이 소중한 것이었습니다.

또 한 가지, '고마움을 준 사람에 대한 감사는 잊지 말자'는 말을 실천하며 살아서일까요? 제 시의 대부분은 가족 사랑이고 감사하는 내용이 많습니다. 우리는 누군가의 가족이고 한 공동체의 구성원으로 살고 있기에 시집 속 시는 우리 모두의 이야기라 할 수 있습니다. 이처럼 살게 된 데는 저의 신앙심도 큰 역할을 했다고 봅니다.

감히 생각조차 할 수 없었던 일이 가능해진 이번 시집 발간은 귀한 인연으로 도움을 주신 분들이 있어 가능했습니다. 시 쓰기에 자신 없어 주춤하는 저에게 용기 낼 수 있게 이끌어 주신 윤보영 시인님을 비롯해 한국감성캘리그라피 임원님들, 그리고 늘 대단하다고 응원해 주는 든든한 가족과 고마운 지인들, 요술쟁이공방 회원들께도 감사드립니다.

지금까지 받은 사랑에 감사하며 앞으로 돌려주는 삶을 살도록 더 노력하는 민병금(벨따)이 되겠습니다.
감사합니다.

2025년 6월
민병금

차례

추천의 글_ 윤보영 커피시인 • 4
시인의 말 • 6

제1부 그대와 함께 행복꽃을 피워가

행복한 하루 • 14	감사 • 15
행복 1 • 16	행복 2 • 17
매화꽃 • 18	당신 앞에서 • 19
사랑 • 20	행복꽃 • 21
열쇠 • 22	캘리그라피 • 23
욕심쟁이 • 24	갈증 • 25
안개 • 26	꽃밭 • 27
시간 지우개 • 28	내 사랑들 • 29
사랑의 무게 • 30	다짐 • 31
숲 • 32	달맞이꽃 • 33
삶 • 34	빈 잔 • 35
벚꽃놀이 • 36	유리창 • 37

제2부 어머니 기도 덕분입니다

어머니 • 40
그림 • 42
당신의 인생 • 44
백년손님 • 46
추억놀이 • 48
기도 • 50
마음 꽃밭 • 52
빼빼로데이 • 54
냉장고 • 56
까치 • 58
신호 • 60
냉커피 • 62

초 • 41
아버지 • 43
선택 • 45
사진 • 47
갈림길 • 49
내 운명 • 51
둥지 • 53
택배 • 55
청소기 • 57
쉼 • 59
안경 • 61
화초 • 63

제3부 낙엽 지는 날 벤치에서

휴가 · 66
가을 햇살 · 69
닮은꼴 · 71
낙엽 앞에서 · 73
시절 인연 · 75
여행 · 77
선풍기 · 79
고장난 시계 · 81
우렁총각 · 83
연습 · 85
유리잔 · 87
붕어빵 · 89

풍선 · 68
가을 하늘 · 70
낙엽 · 72
낙엽 지는 날 · 74
지각 · 76
잠자리 · 78
소화기 · 80
가로등 · 82
인생 이력 · 84
공부 · 86
오솔길 벤치 · 88

제4부 모든게 제 탓이지만

인동성당 · 92
만남 1 · 94
기도 · 96
아들 · 98
가족 1 · 100
작품 · 102
인생 · 104
베개 · 106
채송화 · 108
농부의 아내 · 110
비밀 · 112

제 탓이요 · 93
만남 2 · 95
아침 구호 · 97
자식 · 99
가족 2 · 101
행복 만들기 · 103
미소 · 105
포도 · 107
봉숭아 · 109
새소리를 듣다가 · 111
중독 · 113

제5부 감사와 기도로 충전하기

그대 생각 • 116
인생 네 컷 • 118
감사와 선물 • 120
비 내리는 날은 • 122
날씨 • 124
자격증 • 126
자전거 2 • 128
스케줄 • 130
의자 • 132
김장하는 날 • 134
달력 • 136
결과를 위해 • 138

내 당신 • 117
아이처럼 • 119
가랑비 • 121
바람 • 123
보따리 • 125
자전거 1 • 127
신호등 • 129
충전 • 131
배드민턴 • 133
김치 • 135
난로 • 137

제1부

그대와 함께 행복 꽃을 피워요

행복한 하루

오늘도
행복한 하루를
선물 받았다

받고 보니
내 편 들어주는
당신 생각이 났다

날마다 받고
수시로 받지만
받을 때마다
귀한 선물이다.

감사

감사는
작은 문으로 들어온다고 했지요

혹시 당신도 들어올까?
내 안에 좋아하는 마음을
펼쳐 둡니다.

행복 1

당신 웃는 모습은
나의 행복입니다

그러니 당신은
늘 웃어야 합니다

사실은
당신 따라 웃고 싶어
핑계 대고 한 말입니다.

행복 2

행복이
뭐, 별건가요?
지금 이 시간을
행복이라 생각하고
오늘 하루를 감사함으로
만들어 가는 삶이
그 행복인데.

매화꽃

매화꽃 피는 봄
여기저기 꽃 잔치가 열린다

내 안에도
매화꽃 옮겨 놓을 테니
그대여!
매화꽃 구경
오시면 안 될까요?

당신 앞에서

당신 앞에서
늘 사랑해 달라고
기도를 드렸습니다

시간이 지나고 보니
하루하루가 사랑이었다는 걸
알았습니다

그래서 이제는
아무 일 없이
하루를 주심에
감사 기도를 드립니다

다가올 하루하루에도
사랑이 담겼다는 사실을
미리 알게 되다니!

세월이 지나니
철이 드나 봅니다.

사랑

오늘도
내 마음에
사랑을 보태니
보람이 자란다.

행복꽃

포기 없이
변화를 주고 기다리는
어른의 삶은
나처럼
행복꽃이 필 수 있어요.

열쇠

행복의 열쇠는
욕심 누르기

그런데, 당신 사랑
독차지하고 싶은 욕심
누를 수가 없네요.

캘리그라피

캘리그라피는 비빔밥이다
콩나물무침, 고사리볶음
무나물, 호박볶음
재료가 많을수록
비빔밥은 깊은 맛을 내듯
오늘도 수강생들에게
다양한 서체를 가르친다

대부분 가정주부
집으로 돌아가면
오늘 배운 서체로
멋지게 글씨를 써 보겠지?

그 글씨에
참기름, 고추장까지 넣으면
누가 썼지?
자기도 모를 작품이 탄생할 것 같다.

욕심쟁이

여기저기
놓여 있는
여러 필기구가
손길을 기다린다

무엇인가
역할을 하고 싶다는
눈빛!

붓을 든다
만년필을 든다
덩실덩실

종이까지 신난다며
덩실덩실.

갈증

세상에
던져진 말이
캘리그라피 속에서
모두 예술이 되듯

저도
그대 가슴에
던질 말이 많은데

"사랑합니다!"
이 말까지
다 받아줄 수 있지요?

안개

뿌연 안개로
앞이 안 보이더니
다가가면 보인다

그때도 그랬다
당신이 내 앞에서
나를 기다리고 있었다는
그 사실을 모를 때

지금까지도 그랬다
바쁜 하루하루가
당신과 함께 만드는
행복이라는 사실을
몰랐을 때.

꽃밭

화려한 꽃보다
수수해도 예쁜 들꽃이 좋다

채송화, 봉숭아, 맨드라미
소박한 꽃도 괜찮고

그래서일까?
내 안의 꽃밭에는
수수해서 정이 가는 꽃
그대라는 꽃이 한가득 피었다

내 가슴은
그 꽃을 심은 꽃밭!

시간 지우개

약속 시간
분명히 들었는데
생각이 안 난다

가끔
지우개로 지웠는지
생각이 안 난다는 당신!

당신 혹시
부부는 일심동체라며
그 지우개
저에게 주신 거 아니죠?

내 사랑들

너희들 모습이
활짝 핀 장미에 비할까?

함께 웃는 웃음소리
세상 어떤 아름다운 소리도
흉내 낼 수 없어

그런데
왜 이리 가슴이 먹먹할까?

혹시 당신
내 생각에
'맞다 맞아' 하며
맞장구친 거 아닌가요?

사랑의 무게

당신을 향한
내 사랑을 올렸더니
어머!
저울이
고장났어요

어쩌죠?
책임져야 할 당신은
알지도 못할 텐데
어쩌면 좋아요?

다짐

매일 다짐한다
'오늘은
말을 조금하고
듣기를 많이 해야지.'

그래 놓고
혼자 중얼중얼

"사랑해!"
꺼내지도 못하면서
매일 연습만 한다.

숲

아침 일찍
숲길을 걷고 있다

매미 소리, 새소리
시냇물 소리까지
가슴에 담긴다

어제 있었던 일
오늘 해야 할 일까지
말끔히 지워 놓고
기분 좋게 즐기는
이 시간이 좋다

거기다
그대 생각까지 담을 수 있으니
대놓고 좋다고 할 만큼
기분이 좋아
싱글벙글.

달맞이꽃

달맞이꽃 사진을 보내면서
'네가 좋아하는 꽃이
피어 있길래.'
아침 일찍 문자를 받았다

어어어~
잊고 지낸 기억들!

참, 내가 이 꽃을
그토록 좋아했었지

달맞이꽃 속에는
시간이 지나도 변하지 않는
아련함과
그리운 우리가 있지

가슴속 기억이
환해졌다.

삶

예쁘게 입은 옷에
어울리는 구두보다
발 편한 운동화가 좋고
격식 차려야 하는 사람보다
마음 편한 사람이 좋다

세월이 그렇게 만들었다
아니, 늘
내 편 들어주는 당신이
나를 이렇게 만들었다.

빈 잔

그대 생각 한 모금
그리움 한 모금
번갈아 마시다 보니
둘 다 빈 잔!

그리움의 끝은
어딜까?

벚꽃놀이

벚꽃 아래
옹기종기 모여
재잘거리는 아이들을 보고
당신은 말했지요

꽃보다 예쁜 말을 하는
꽃들이라고

돌아오며 생각하니
그렇게 말하는 당신!
당신도 말하는 꽃이었습니다.

유리창

그냥 보는 것보다
유리창을 통해 볼 때
더 신비롭게 다가서는 풍경처럼
당신도 그렇다

내 안과
내 밖에 머물게 하고
바라볼 때마다
늘 신비롭다

그 모습에
나도 놀란다.

제2부

어머니 기도 덕분입니다

어머니

양처럼 순한 내가
아버지 만나
호랑이가 되었다고
어머니는 늘 말씀하셨는데

글쎄, 정말 그랬을까?
세상 근심 다 지운 채
양처럼 살고 계신
당신을 보니
그 말 믿을 수 있다

그러니
어머니 닮은 나도
알고 보면
순한 양!

초

촛불을 켜고 기도하신다
오직 자식을 위해
묵주를 굴리시는 어머니

촛불이 활활 타올라
그을음이 날 때까지
그토록 열심히 하시더니

그 기억도
촛불처럼 타올라
한 자루 초가 되었다

무한 사랑으로
우리 앞에 놓인.

그림

하얀 종이에
물감을 뿌리고
마음이 시키는 대로
붓을 휘두른다
어떤 그림이 나올까?

보나마나
당신 얼굴!
이리 많이 보고 싶은데.

아버지

부르기만 해도
가슴 아린 이름
오랫동안 부르고 싶었던 이름

아주 오래전
아버지는 나에게
당신 닮은 사람을
선물로 보내 주시고
기억 속으로 사라지셨지요

수시로
생각 속에 찾아와
당신과 닮아서 좋다며
확인하고 가시지요.

당신의 인생

어찌 그리 사셨나요?
자식 걱정 조금 덜어내고
덜어낸 만큼 당신 위해
사시지 그랬어요

천년만년 살 줄 알았다는 당신
후회는 없다고 하시지만
흔들리는 눈빛에
왜 이리 가슴이 먹먹해질까요?

선택

선택한 일에
책임을 져야 한다며
가정을 만드는 데
가장 중요한 것이
마음가짐이라고
거듭 말씀하신 엄마!

"네 선택에
책임질 수 있으면
결혼해라" 하시던 말씀이
오늘따라 귓가를 맴도네요

지금 행복하니까
"엄마!
저 선택 잘 했죠?"

백년손님

청소기도 바쁘고
걸레도 바쁘고
냉장고 안은 서로 좁다고
밀치고 난리다
주방 도구도 따라 춤추고

오늘은
딸이 택한 사랑
생각만 해도 멋진
우리 사위 오는 날!

언제나 손님처럼
귀하게 여겨 줄게.

사진

당신과 함께한
지금 순간을
쉴 새 없이
찰칵찰칵

혹시
기억이 사라지면
세상에서 날
가장 아껴 주는 당신

사진 속 당신이
지금 우리를 기억할 수 있게.

추억놀이

길가에 늘어선 아카시아잎들
누군가 추억놀이를 한 듯
잎들이 떨어지고
줄기만 남아 있네

나도 덩달아
그때 그 시절 추억 속으로
풍덩.

갈림길

인생에서
두 갈래 길을 마주할 때
참 고민을 많이 하지

이 길일까 저 길일까
가지 않은 길은 어떨까
궁금증도 잠깐

지금 가고 있는 길이
나의 길
가족이 응원해 주고 있는.

기도

부자 되게 해 주세요
마음 부자요

정성을 다해
당신을 사랑하고
내가 미워했던 사람을
모두 용서하게 해 주세요

언제부터
기도가 바뀌었어요

당신 사랑의 크기를
알고부터.

내 운명

어쩌다 보니
엄마가 되어 있고
어쩌다 보니
작가가 되어 있네요

그렇다고
어쩌다 보니
당신을 만난 것은 아닙니다

만나야 할 운명
당신을 만난 것은
행복을 전제로 한
인연입니다.

마음 꽃밭

마음속 생각들이
말이 되어 나온다는데
오늘도 기도한다

사랑꽃
향기로 담겨
예쁜 말이
줄줄줄
줄 서서 나올 수 있길.

둥지

올해도
매실나무 가지에
허락도 받지 않고 둥지 튼
비둘기

가까이 가도
날아가지 않고
오히려
아기 비둘기 태어날 때까지만
봐달라는 눈치

그래,
걱정 마라
나도 어미다.

빼빼로데이

슈퍼에
초콜릿이 진열되어 있네

그중에
하나 골라
무심히 건넨다

"사랑해요!"
이 말 차마 못 하고
"오늘이 빼빼로데이야!"

택배

이것저것 담고
다시 꾹꾹 눌러 담아
포장하고
택배를 보내고 나니

이런!
사랑한다는 말을
넣지 못했네

오늘 밤
꿈속에서 전해야겠네.

냉장고

오래되었다며
좋은 자리 양보하고
베란다로 나간 냉장고

자식들 살뜰히 키워
따스한 자리 내어 주고
뒤에서 묵묵히 지켜 주는
내 어머니같이

냉장고를 보는데
당신 생각이 나는 건
바다에 파도치듯
당연하지요?

청소기

당신
미소 한 번에
일상 속 미움이 사라진다

불만까지 닦아 내고
속이 후련하다.

까치

까치가 울면 좋은 소식을
전해 준다고 했는데

숲속에서 만난 까치는
오히려
나에게 묻는다
행복하냐고

"응!"

쉼

일을 해야 하는데
몸이 파업했다

할 수 없지
핑계 대고
당신 생각이나
배부르게 해야겠다.

신호

위험해요
몸이 파업했어요
당신 사랑
파견 좀 보내 주세요.

안경

바늘 가는 데 실 가듯
내 손 잡고 따라다녀야 해

새로 산 안경을 쓴다
아닌데
오래전부터 있었는데

내 기억에서
그대 생각 꺼내 놓고
너스레 떠는 안경

안경 너!
귀여워서 봐준다.

냉커피

그때 그 시절 냉커피는
믹스커피 2봉지 넣고
달달함을 한가득

그때 그 맛이 그리워
믹스커피 2개로
냉커피를 만든다

아~
그런데
커피잔 속에
왜 당신 모습이 보이지?

화초

무더운 날씨에
베란다 화분 몇 개가
잎을 늘어뜨렸다
미안했다

그대 생각 가득한
내 안에는
생기가 도는데.

제3부

낙엽지는 달 벤치에서

휴가

다른 사람들은
휴가를 어디로 갈까?
궁금하다

그럼 난
산으로 갈까
아니면 바다로 갈까
또 아니면
좋아하는 일이나 할까?

그래, 일을 하자
알고 보면 일에도
설렘이 있다

글씨를 쓸까
그림을 그릴까?
그러다, 나를
기다리는 공방으로 왔다

문을 열자
글씨와 그림이 반긴다

창밖 풍경을 그리고
그 그림에
행복이라 적었다

그 가운데
휴가 중인 나를 넣었다.

풍선

알록달록
한아름 풍선 중에
유독 파란 풍선에
눈길이 간다

풍선을 불면
하늘처럼 높고
넓은 마음을 가진 그대가
내 마음에 들어와
빵빵하게
행복을 채워 줄 것 같아서.

가을 햇살

창문을 열고
그대를 집 안으로 초대합니다

여유 한 다발 들고
찾아온 그대!

청소기 돌리고
대청소 끝날 때까지만
기다렸다가
우리 같이 커피 마셔요.

가을 하늘

어쩜 구름이
저렇게 예쁠 수 있지?

설렘을 담고
구름 속을
자세히 들여다보고 있다

조금 전 보였던
당신 얼굴!
다시 찾고 싶어서.

닮은꼴

가을이 좋은 이유
말해 줄까?

알록달록
단풍까지 곁들이며
익어 가는 너를 보니

지금도
웃음까지 곁들이며
잘 살고 있는
나를 보는 것 같아서.

낙엽

아스팔트 위에 떨어진 나뭇잎
올라갈 때 보이더니
내려올 때도 보이네

관심 받고 싶구나
주워서 자세히 보니
구멍이 여기저기
상처를 위로 받고 싶었나?

슬그머니
나무 아래 내려 주며
속삭인다
내년에는
예쁘게 보자.

낙엽 앞에서

봄에 피는
새잎만 예쁜 줄 알았는데

가을에
단풍 든
너도 예쁘다

내 사랑을 닮았다고 생각하니
더 예쁘고
우리 행복을 닮았다고 생각하니
많이 예쁘다.

낙엽 지는 날

연두 잎 필 때
사랑을 알게 되었고
초록 잎이 될 때
인생도 배웠지요

알록달록 잎이 물들 때
행복을 알게 되었고
하나둘 낙엽 질 때
감사를 배웠지요

돌아보니
하나같이
나를 행복하게 만들기 위한
과정이었군요.

시절 인연

살아가면서
만나고
헤어지고

그 과정에서
때로는 상처받고
또 가끔은 후회하면서
우리는 성숙한다

소 잃고
외양간 고친다는 말이 있다
하지만 잃은 소는 소일 뿐
지나간 인연에 연연해하지 않고
나만의 삶을 살아내고 싶다

그 속에서
산을 보고
숲을 보고
나무를 보고
꽃인 나를 보면서.

지각

약속 시간에 지각
마음이 급하다

주차선으로
삐죽 나온 차

너도
내 친구가
많이 보고 싶었니?

여행

여행에는
설렘이 있고
기다림이 있어야 하는데
다들 어디로 갔니?

왜 여행 너는
나에게 쉬어야 한다며
강요만 하니?

설렘, 그리고 기다림
이 친구들도
여행에 데려오면 안 되니?

잠자리

날아다니는 잠자리는
잡지 못했지만
이른 아침 등굣길
우연히
내 마음에 앉아
교실로 따라온 잠자리

공부 중인
생각 속을 날아다니며
방해하더니…

그때 그 잠자리
아니 그리움
어디선가 잘 살고 있겠지?

선풍기

내가 좀
소홀했지?
여름내 고마웠어

하지만 가을이 왔으니
어쩔 수 없잖니?

겨울 동안 쉬었다가
내년 여름에
산속 바람도 함께 데려오렴

그 바람에
행복 담아 오면
더 좋고.

소화기

우리 집 현관에
언제부턴가
소화기가 자리 잡고 있다

별일 없기를
기도라도 하듯 서 있다가
먼지가 쌓였다

눈길 못 받고
먼지까지 쌓였어도
내 가슴에 불이 나면
달려오겠다는 자세다
귀엽다.

고장난 시계

"저 세월은 고장도 없네!"
노래 가사가 가슴을 울리네
왜일까?

그대 기다림도
고장 나길 바라는 마음
들켜서일까?

가로등

너와 나
우리는 무엇이 닮았을까?

어두운 길 걸어갈
누군가를 위해
너는 말없이 빛을 내밀고

인생길 찾고 있는
아들을 위해
나는 말없이 사랑을 내밀고

그래, 우리 둘
주는 사랑이
닮은꼴!

우렁총각

오늘 저녁은
뭘 해 먹을까?
가족 톡에 올린다
"밥 해 놓을까요?"
"응, 고마워!"

식사 준비가 되고 있다
새로운 요리가 올라가고
반찬들이 따라 올라가고
손발이 척척!

오늘도 우리 집
우렁총각 닮은 당신 덕분에
사랑이 가득.

인생 이력

하루하루 시간을
낭비 없이 살고 싶었을 뿐인데
한세월 지나 돌아보니
많은 이력을 만들었네요

이제 얻은 이력에
가족 사랑과
당신 사랑을 더 얹어
웃으며 살겠습니다.

연습

마음 열고 품어 주는
사람이 되기 위해
연습하는 저 끝에서
나를 미리 만난다
행복한 나를.

공부

어제보다
괜찮은, 나를
만드는 공부

그 공부에
자라는
내일!

유리잔

마리골드꽃을 컵에 넣고
뜨거운 물을 부었더니
금방 예쁜 색으로 변했다

꽃물은, 꽃을
더 귀하게 만들고
내 마음은
그대 생각을 더 귀하게 만들고.

오솔길 벤치

키 큰 나무 아래
벤치가 있다

딸아이와 벤치에 앉아
커피 마시던 생각이 난다

'잘 지내고 있지?
이쁜 내 사랑!'

커피 향과
딸 생각이
앞서거니 뒤서거니
가슴에 담긴다
그리움이 된다.

붕어빵

막 틀에서 나온 붕어빵이
똑같아 보이지만
천만의 말씀!

안에 들어가는 팥 양이
주인 기분에 따라
다를 수 있어요

내가 드리는
당신에 대한 사랑 크기도
그때그때 다르다고
섭섭해하지 마세요

붕어빵이 맛있듯
내 사랑은 진심이니까.

제4부

모든게 제 탓이지만

인동성당

신앙이 뭔지도 모르면서
초록색 대문을 열고
마당을 지나 성당으로 들어갔습니다

성당 입구에는
높은 천장에 종이 있었고
바닥은 반짝반짝
당신 앞에서 초라했던 나

그때부터 성당을 다니면서
유년과 청년 시절을 보내고
노년을 맞고 있습니다

당신이 주신 빛 따라
여기까지 와서 보니
모든 것에 감사할 줄 아는
능력을 주셨네요

감사합니다
감사합니다.

제 탓이요

가끔은 진심을 담아
또 가끔은 형식적으로
미사 시간에
나를 반성하곤 했지요

더 많이 사랑하지 못함을
늘 반성했지요

돌아오면 지워지는
바람 같은 마음이지만
그래도 반성하고
다시 반성하고

그러다
여기까지 왔습니다
지금도 반성할 게 있음에
감사합니다.

만남 1

성당 안에서
당신을 만나는 시간

눈으로 보고
귀로 듣고도
깨닫지 못하는 어리석음을
맑은 소리를 통해
치유해 주는 당신

당신은
믿음입니다
사랑입니다.

만남 2

조용히
나와 만나는 시간이 좋다

너무 보고 싶어
거울 속의 나를
너였으면 좋겠다고
생각했던 나와.

기도

내가 바라는 것보다
내 아이들의 마음에
아픔을 먼저 치유해 주시고

내 아이가
원하는 걸 들어 달라고
기도하고 있습니다

그러다 알았습니다
나도 엄마처럼
부모가 되었다는 사실을.

아침 구호

학교 갈 준비하고
아이 셋이
현관 앞에서 외친다
"내 몸은
내가 지킨다!"

아이에게 말했던
그때 추억을
아들이 엄마에게
꺼내 주는 아침

언제 시간이
이렇게 흘렀나?

그때 말했던 엄마가
아이처럼
이 말을 듣고 있다니.

아들

아들아
말없이 기다려 줄게

너만의 인생 작품을
그려 나갈
그 시간이 오기를

그렇게 생각해 놓고
수시로
내 안을 들여다본다

날마다
뜻대로 이루어지길
기도까지 한다.

자식

너희는
내가 가진
최고의 보물이야

가족이란 품속에
귀하게 보관해 둔.

가족 1

함께 밥을 먹으며
정을 나누고
서로를 이해하려고 노력합니다

맞습니다
식탁에 둘러앉은 가족은
밥만 먹는 게 아닙니다

먹던 밥만큼
사랑을 내어 줍니다
사랑 수만큼
나누어 가집니다.

가족 2

"다녀오겠습니다."
"다녀왔습니다."

온 가족이 모이는 집은
선물이다

웃음이
맞다며
선물을 풀고 있다.

작품

내 인생의
가장 멋진 작품은
지금도 진행 중

맞아요
진정한 사랑 속에
깊은 행복 만들기
쉬운 일 아닙니다

당신이 없다면
불가능한 일이기도 하고.

행복 만들기

감사에
감사를 더하니
행복이 되었습니다

그 행복
당신을 사랑해서
나도 모르게 얻었으니
나 복 받은 사람입니다
그렇죠?

인생

그대여!
당신 손 꼭 잡고
나이 들고 싶어요.

미소

당신의 미소는
효과 만점 피로 회복제

아니 아니,
날 사로잡는
비밀 무기.

베개

우리 집 장롱에
베개가 있다

큰 것, 작은 것
높은 것, 낮은 것
저마다 주인을 생각하며
기다리고 있다

이 중에
내 베개도 있다
베개 속에, 당신 생각
가장 많이 담겨 있고
가끔은, 어머니
그리움까지 담긴 베개

참, 이 베개는
꺼내기 쉽게
내 그리움에 보관 중!

포도

포도나무 포도송이에
동글동글
동그라미가 쳐져 있다

잘 익은 포도알
내 입에 넣어 주던
100점짜리 당신

그 마음 내 안에 담고
동그라미, 동그라미!
사랑에 동그라미 쳤던
내 생각처럼.

채송화

시골길 흙담 위에
채송화꽃이 피어 있었다
어떻게 올라갔지

아하,
마음에 문을 내고
그대 오는 모습
기다리는 나처럼
채송화 너도
누군가 기다리고 있었구나

맞지?
맞지?

봉숭아

손톱에 봉숭아물이
첫눈 올 때까지 남아 있으면
첫사랑이 이루어진다는데

사랑하는 사람도 없이
봉숭아물을 들이고 있었다

아
첫사랑, 알고 보니
내가 날 사랑하는
그것도 첫사랑!

농부의 아내

아내는 그림을 좋아하고
남편은 농사를 좋아합니다

상추가 예쁘게 올라왔다고
자랑하는 남편!

주말을 맞아
붓 내려놓고
새참 챙겨 들고
상추 보러 왔습니다

"새참 들고 하세요!"
농부의 얼굴에
넓은 미소가 번집니다.

새소리를 듣다가

청아한 새소리에
치유되는 시간
듣고 보니
새소리가 아닙니다

언젠가 들었던
당신 목소리입니다

맑은 만큼
더 행복합니다.

비밀

가끔은
산속에서 보내는 시간이
필요해

그 산이
당신 생각이 모여 만든
그리움이란 사실은 비밀.

중독

배우는 것도
중독이다
하지만
중독도 괜찮다

당신 사랑도
끝이 있을까?
그 끝을 알기 위해
내가 나를 배우는 중.

제5부

감사와 기도로 충전하기

그대 생각

책상을 닦기 위해
물티슈를 뽑았다

그런데
바쁜 일상은
무엇으로 닦지?

내 당신

마음 편한 사람이
좋다고 했는데
나에게는
당신이 그렇다

날마다 날
저절로 꽃이 피게
사랑해 주는
당신이.

인생 네 컷

안경 쓸까?
모자 쓸까?
사진관 거울 앞에서
가족들이 야단이다

깔깔대며
웃다 보면
찰칵!
우스꽝스러운 표정이
찰나의 순간에 담긴다
사진이 나온다

내 안에 저장된
기억 한 페이지가 완성된다.

아이처럼

가끔은
아이처럼
아무 곳에서나
울고 싶을 때가 있다

그래도 괜찮다
나뭇가지는
시도 때도 없이 부는
바람 앞에서
시도 때도 없이 울어도
가을이 오니까.

감사와 선물

감사할 줄 아는 인생은
행복이 따라온다

그 행복 속에
당신이 있다

그러니
나에게 행복은
선택이 필요 없는
선물일 수밖에.

가랑비

가랑비에 옷 젖듯
차츰
신앙에 물들고 있다

내 안에는
오직 당신뿐.

비 내리는 날은

떨어진 빗방울도
작품이 된다
그대 생각 담고 보면.

바람

추운 날 불고
더운 날 잠잠

바람은 장난꾸러기
하지만 이 바람도
그대였으면 좋겠다

사랑 속에서는
다 감당이 되니까.

날씨

너 왜 그러니
넌 겨울이야
너답게 겨울은 추워야지

꽁꽁 언 두 손을
그대 주머니에
슬그머니 넣고 싶은데.

보따리

도서관, 학교, 방과후
평생교육원
몇 개의 수업 가방을
잘도 챙긴다
이젠 선수다

세월이 지나
풍성해진 기억을 열면
오늘 바쁨이
보람으로 담겼겠지

한결같이 웃으면서
잘 살았다며
엄지척!
해 주겠지.

자격증

구미시 인동도서관으로
첫 발걸음을 뗀 시간 속에
나날이 쌓여 가는 자격증
배움을 향해 달린 흔적이다

지난 시간 속 열정은
앞길을 밝혀 주는
등불이 되어 왔고
그 빛 가운데
당신이 보내 준 응원!

지금도 그 응원
내 안에서
가장 밝게 빛나고 있다.

자전거 1

그리움이 달린다
가슴에 담긴 꿈을
설렘으로 담고 달린다

강둑으로 바람 가르며 달리던
소녀의 꿈은 뭐였을까?

세월이 지난 지금도
여전히 자전거는 달린다

저절로 미소가 나올
행복을 향해
설렘을 담고 달린다.

자전거 2

자전거를 타고
강둑을 달리던 어린 시절
그리움으로 들어가
놀다 올 수 있는 추억이 있다

그래서일까?
자전거는 지금도
설렘을 싣고 달린다

자전거를 타고 달리는
바람이 좋고
자전거에 함께 타고 가는
그리움도 좋고

그 기억을 불러낼 수 있는
지금 내가 좋다.

신호등

그리움에
불이 들어왔다
당신 생각으로
직진하라는 신호다

브레이크에서
발을 떼고
액셀을 밟는다

자~
출발!

스케줄

하루를 시작하며
핸드폰으로 스케줄을 본다

교육에 회의까지
동에 번쩍 서에 번쩍

좋은 사람을 만나고
새로운 일이 시작되어서일까?

설렘과 즐거움이
동행해 줄 것 같다.

충전

하루하루
해결해야 할 일과
씨름하는 사이
빨간불이 들어왔다

지친 몸과 마음에
초록불이 들어오게
당신 사랑에
코드를 꽂아야겠다.

의자

산책길에 놓였던 의자
정원 꽃길에도 있고
나무 아래도 있다

만나는 의자마다
같은 요청이다
"잠시 앉아
그대 생각하다 가렴!"

눈빛으로 말해도
다 알아듣는다.

배드민턴

배드민턴으로
단합대회를 제안한 딸
어느새
가족들을 가슴에 품었구나

셔틀콕에
행복을 담아 보낸다

내려오던 셔틀콕
우리 가족 사랑에
자기도 끼워 달라며
춤을 춘다.

김장하는 날

더운 여름을 보내고
정성으로 키운
배추, 무, 마늘, 고추

여기서 자르고
저기서 씻고
양념도 한 대야
엄청난 양이다

이 집 저 집
나누어 줄 곳이 많아
우리 집 젊은이들
앞치마를 두르고 전투 중이다

상황 종료!
즐거움이 이겼다.

김치

가족들이 모여
김치를 만든다

만든 김치가
통으로 들어간다
사랑과 정성이 따라 들어간다

숙성되어 나올
김치맛이 궁금하다

"수고했다!"
어머니 말 한마디에
김치 맛이 저절로 들었다.

달력

한 장 한 장
달력을 넘기다 보니
어느새 마지막 장

하지만 모든 시간이
그냥 지나가지 않았다

지나간 시간을 돌아보며
여유로움 속에
안 좋았던 일들을
기억에서 지웠다

지운 자리에
다시 새싹이 돋아난다
봄이 가까이 왔다.

난로

찬 공간을
따스하게 채워 주는 너
주전자가 올라가고
고구마도 따라 올라간다

미지근한
내 사랑도
올려 볼까?

이런저런
사랑은
그대 생각 담긴
그리움에 올려야지.

결과를 위해

꾸준히 노력한다는 건
상상 이상의
결과를 가져온다

나도
당신 사랑하다가 알았다.